# NOTICE

## SUR LA VIE ET LA MORT

### DE

# SOEUR MARIE DE L'ASSOMPTION VAUTHIER.

1859

# NOTICE

## SUR LA VIE ET LA MORT

### DE

## SOEUR MARIE DE L'ASSOMPTION VAUTHIER.

Elle a peu vécu, mais ses jours ont été pleins devant Dieu! Grâces en soient rendues au Seigneur, ces paroles, que nous pourrions appliquer à beaucoup de nos chères défuntes, ont toute leur réalité dans la belle et trop courte vie dont nous ne pouvons donner qu'une bien légère esquisse, moins à cause des limites dans lesquelles nous devons nous renfermer, que parce qu'il est très-difficile de reproduire, dans toute leur beauté, les traits d'une âme constamment fidèle aux inspirations de l'Esprit-Saint.

Eugénie Vauthier naquit à Épinal de parents foncièrement chrétiens, le 7 avril 1835. On peut dire qu'aussitôt son entrée dans la vie, le divin Maître jeta sur cette âme, qu'il se destinait, un regard d'amoureuse prédilection; car elle eut toute la simplicité, la candeur de l'enfance, sans en avoir la légèreté, ni les autres défauts. La vocation religieuse inspira, pour ainsi dire, ses premières paroles et ses premiers actes; souvent elle répétait, dans son langage enfantin : *Je serai chère Sœur*. Lorsqu'elle se trouvait réunie à ses petites compagnes, elle organisait aussitôt une classe; et déjà elle y parlait le langage de la vertu et de l'amour divin, avec une onction telle qu'elle portait à la ferveur les témoins de son angélique piété. Pendant la récitation des prières ou le chant des cantiques, sa voix était pénétrante, et tout son être prenait en quelque sorte une expression céleste. Ces inclinations pieuses, qui ne firent que s'accroître avec l'âge, étaient les heureux effets du feu divin déposé dans son cœur; aussi toute sa belle existence pourrait-elle se résumer dans ces deux mots : *amour* et *imitation* de Jésus et de Marie.

Eugénie débuta dans les voies spirituelles par le point où les autres finissent; c'est-à-dire, par la vertu de simplicité, résumé de toute la perfection chrétienne; sa devise favorite était : *Tout à Jésus par Marie, tout par Marie pour Jésus*. Le regard habituel de son âme se portait sur le bon plaisir de Dieu; et elle se montrait heureuse de l'accomplir dans toute sa conduite; aussi était-elle, pour ses jeunes amies, un modèle de candeur, d'ingénuité, de modestie et de douceur. Lorsqu'elle avait à souffrir ces contradictions que de petites espiègles font souvent essuyer aux enfants de leur âge qui se montrent plus pieuses, plus réservées, elle ne s'en plaignait pas ; déjà elle savait se venger comme les saints, et n'avait que des paroles agréables pour celles qui la contrariaient; aussi, plus d'une fois, cette patience les porta à se repentir de leurs petites taquineries. Jamais elle ne souffrait qu'on dît en sa présence le moindre mot contre le prochain; et si, malgré elle, quelque médisance venait frapper ses oreilles, elle tâchait aussitôt de faire ressortir les bonnes qualités de la personne attaquée, afin de détruire, autant que possible, les mauvaises impressions qui en avaient été données. A la maison paternelle et dans les classes, on ne vit point en elle ces entêtements, ni ces maussaderies ; si ordinaires à l'enfance ; son humeur toujours égale, son obéissance joyeuse et entière la faisaient chérir de sa famille et de ses maîtresses : celles-ci s'estimaient heureuses d'avoir un si beau modèle sous les yeux de leurs élèves.

A un âge où l'on connaît si peu l'humilité, elle avait déjà acquis l'amour pratique de cette vertu ; avide de ressembler à Jésus doux et humble, les mépris faisaient les délices de son âme ; et, chose d'autant plus remarquable qu'elle est plus contraire à l'inclination de l'esprit humain, elle croyait sincèrement les autres personnes dignes de louanges ; elle seule, à son avis, n'en méritait pas.

Ces heureuses dispositions montraient bien que Jésus avait sur cette âme des vues d'un amour tout spécial ; aussi pouvons nous croire, qu'au beau jour de la première communion d'Eugénie, l'étincelle d'amour déposée au baptême dans le cœur de cette enfant prédestinée, reçut un prodigieux accroissement. La grâce toute spéciale dont elle fut alors vivement pénétrée, lui inspira le désir de la voir se renouveler, en quelque sorte, en se présentant chaque année à la table sainte, au milieu des premières communiantes : cette faveur lui fut accordée cinq fois.

Nommée, à 16 ans, présidente des enfants de Marie, elle remplit les devoirs de sa charge avec zèle et dévouement, s'exerçant d'avance à la mission de charité que Dieu l'appelait à remplir dans une petite classe. A cet âge, elle assistait encore assidûment aux catéchismes de sa paroisse ; et, lorsqu'on y faisait une demande qu'aucune communiante ne pouvait résoudre, elle se levait et exposait, avec une simplicité charmante, ce qu'elle savait sur la question proposée.

A dix-sept ans, elle se fit un règlement de vie, qu'elle eut soin d'observer bien exactement ; mais, si chacun de ses devoirs était fidèlement rempli, l'oraison, par-dessus tout, avait la préférence de son cœur. Point d'autre directeur que l'Esprit-Saint ne lui avait appris à méditer ; mais que les leçons de ce grand Maître valent bien celles des hommes ! Ce Dieu d'amour faisait trouver à Eugénie d'ineffables délices dans l'entretien intime avec Jésus et Marie ; il lui enseignait à examiner sa conduite d'après celle de ces divins Modèles, et à prendre de saintes résolutions pour combattre ses défauts et s'avancer dans la vertu. Oh ! qu'heureux sont les jeunes cœurs qui savent ainsi converser avec Dieu ; qu'heureuses aussi sont les maîtresses qui, ayant elles-mêmes le goût des choses divines, travaillent à le faire naître et à le développer dans l'âme de leurs élèves.

C'était après les travaux de la journée, lorsque tout était paisible dans la maison, que la pieuse enfant goûtait une joie bien pure à épancher son âme dans le sein de son Créateur, en entremêlant de réflexions et de sentiments pieux, les saintes lectures qu'elle faisait alors. Toutefois, dans ce religieux exercice, qu'elle eût aimé à prolonger le plus possible, elle voulait, comme en toute autre chose, pratiquer l'obéissance : « Ma sœur, disait-elle à sa cadette, combien de pages dois-je lire ? » Et jamais, elle ne dépassait le nombre qui lui était indiqué. Dans l'union à Jésus crucifié, elle avait puisé de bonne heure l'amour des souffrances, précieuse et rare vertu, caractère des prédestinés, des véritables amis du Sauveur. A la fleur de l'âge, Eugénie avait fait de son corps un holocauste, qu'elle se plaisait à transpercer, en toutes circonstances, du glaive de la mortification ; ne pouvant, comme elle le désirait, souffrir pour Jésus les tourments du martyre, elle saisissait avec empressement tous les moyens que lui suggérait sa ferveur pour crucifier sa chair, son esprit et son cœur. Tous les travaux les plus fatigants du ménage étaient pour elle ; les aliments les plus communs étaient ceux qu'elle préférait : ils lui semblaient encore trop bons pour son usage. « Nous ne vivons pas pour manger, disait-elle souvent, mais nous mangeons pour vivre. » Elle s'était fait, en guise de cilice, une petite chemise de grosse toile d'étoupes, et elle la portait avec bonheur sous ses vêtements ; elle aurait sans doute poussé plus loin ses actes de

mortification, si elle eût eu la facilité de les dérober à la connaissance de ses
parents. Du reste, elle était ingénieuse à trouver les moyens de mâter sa chair
innocente ; s'étant emparée d'une grosse corde, elle la portait habituellement
serrée autour de son corps. Un jour, pendant qu'elle lavait un plancher, le
bout de cette gênante ceinture fut aperçu par sa mère, qui, on le pense bien,
reprit sa fille de ce pieux excès ; obéissante autant que mortifiée, Eugénie
quitta cet instrument de pénitence, sans quitter néanmoins le désir d'être, avec
son bien-aimé Jésus, une victime de l'amour divin ; afin de se le rappeler sans
cesse, elle portait constamment sur son cœur, et sous ses vêtements, un cru-
cifix qui n'avait pas moins de 15 centimètres de longueur.

Telle était Eugénie à 18 ans, époque tant désirée de son entrée au noviciat.
L'abrégé rapide de ses vertus au sein de sa famille indique ce qu'elle dut être
dans la maison du Seigneur, où elle arriva au mois de novembre 1853. Si
nous disions de nous-mêmes qu'au début de sa vie religieuse, cette âme s'é-
leva d'un seul élan à la pratique de ce qu'il y a de plus parfait, on pourrait
croire à quelque exagération dans nos paroles. Dieu a voulu prévenir cette
difficulté, en permettant que les sentiments de la jeune postulante nous soient
parvenus dans les fragments de ses journaux, soigneusement recueillis après sa
mort. En voici littéralement les premières lignes, datées des premiers jours de
novembre 1853.

« Oh ! que l'état de l'amour parfait, de l'amour effectif, est beau, quand il est
» voilé par l'humilité ! Voilà tout mon désir, toute mon ambition ; c'est pour-
» quoi je prends la résolution de tendre au plus parfait, en faisant toutes les
» plus petites comme les plus grandes choses par amour pour Jésus, cher-
» chant toujours les offices les plus bas, cherchant aussi partout à me mettre
» à ma place, qui est la dernière ; par là, je serai, avec la grâce de Dieu, bien
» fidèle à la règle et à toutes les recommandations qui nous seront faites.

» Je veux, avec l'aide de Dieu, m'oublier moi-même, afin de procurer à
» mes Sœurs tout ce qui pourra leur être agréable. Je veillerai sur toutes mes
» paroles, afin de n'en dire aucune qui puisse blesser la charité. Toutes mes
» actions se feront en union avec Marie, pour l'amour de Jésus.

» Tout pour mon Dieu, mon Bien-Aimé, mon Tout : les privations, les sacri-
» fices me sont doux pour son amour. — Je vous aime, Seigneur, et je désire
» vous aimer toujours davantage. — Que mon amour pour vous brise tous les
» fils qui tiennent mon âme captive ; que rien ne l'empêche de s'élancer dans
» votre sein, qui est mon centre. — L'humilité, oh ! j'espère l'obtenir de vous,
» Jésus, doux et humble ; rendez-moi digne de votre cœur par la pratique
» de cette vertu !

» Je veux, oui, mon Dieu, je veux, avec votre grâce, que vous ne refusez
» jamais, ne plus dire une seule parole qui ne soit pour votre gloire ou pour
» le bien du prochain. O mon Dieu, je vous demande pardon de mes incalcu-
» lables paroles inutiles, pour l'expiation desquelles le Verbe éternel, la Pa-
» role du Père, s'est réduit au silence dans le mystère de son Incarnation. »

Dès son début, la conduite de la jeune postulante répondit aux sentiments
que nous venons de reproduire ; ses compagnes virent toujours en elle un
modèle de régularité, d'obéissance, d'abnégation et de ferveur ; ses maîtresses
de classe, une élève déférente, silencieuse et appliquée à tous ses devoirs ; sa
Mère directrice, une âme toujours ouverte aux impressions de la grâce, et toujours fidèle à correspondre aux attraits divins. Ce tableau si magnifique avait
sans doute ses ombres, car les plus grands saints sont toujours enfants d'Adam ;
mais ces ombres étaient bien légères ; et, chaque jour, elles s'effaçaient devant
les divines clartés qui illuminaient de plus en plus cette âme candide et pure.
Ainsi, pendant les premiers mois du postulat, il arrivait encore qu'Eugénie
s'excusait, quand elle ne se croyait pas les torts dont elle était avertie ; mais,
aussitôt que l'Esprit-Saint lui eût fait comprendre que le plus parfait était de
garder le silence en de semblables occasions, fidèle à sa résolution première,

elle reçut tous les avertissements et même les réprimandes, sans chercher à faire connaître son innocence; bientôt elle alla plus loin, et regarda comme un grand bonheur les humiliations que la Providence ne lui ménagea pas. Malgré sa bonne volonté à mettre en pratique toutes les recommandations faites aux Novices, elle ne parvenait pas toujours à tenir en ordre les vêtements, les livres et autres objets à son usage; de là, les observations, les pénitences même; mais tout cela était une bonne fortune pour cette âme, devenue avide d'humiliations. Les plus légers manquements, qu'une autre n'eût pas remarqués, étaient bien vite aperçus par elle; aucun n'était pardonné; elle les avouait avec le ton et le sentiment de l'humilité la plus sincère, s'estimant privilégiée, lorsqu'il lui était permis d'en faire sa coulpe devant toutes ses compagnes. Cet exercice, parfois si pénible à une nature orgueilleuse, était pour cette jeune Novice un moment délicieux! C'est qu'elle aimait Jésus humilié pour notre amour, et qu'à tout prix, elle voulait lui ressembler.

Après le temps du postulat, Eugénie fut admise comme Novice, sous le nom de Marie de l'Assomption, titre significatif, qui indiquait tout à la fois et la fidèle enfant de l'Auguste Reine des Cieux, et l'essor rapide que prenait la jeune Novice vers la perfection. Revêtue, comme fiancée de Jésus, des premières livrées religieuses, Sœur Marie de l'Assomption s'appliqua toujours plus à marcher, disons mieux, à voler sur les traces du Sauveur et de sa sainte Mère. Les pratiques pieuses du Noviciat la rendaient de jour en jour plus unie à Dieu. Elle s'acquittait de ses offices avec toute l'exactitude possible, se chargeant toujours de ce qui eût été coûteux à ses compagnes; et cela de si bonne grâce, qu'on pouvait croire que ce qui mortifiait les autres avait pour elle un attrait particulier. Elle étudiait sous les yeux de Jésus et pour son amour, sans se laisser décourager par les difficultés qu'elle rencontrait dans ses devoirs classiques; elle n'exprimait à ce sujet qu'un seul regret, preuve de l'humble opinion qu'elle avait d'elle-même : « Mon jugement si étroit, disait-elle, fait perdre du temps à mes compagnes, parce qu'il faut souvent me répéter les mêmes choses; mais toutefois, je ne veux d'autre part que celle que Dieu m'a faite. »

Dieu, qui refuse sa grâce aux superbes, la donne avec abondance aux humbles; il s'incline avec amour vers ces âmes dépouillées d'elles-mêmes et leur fait part de ses grâces de choix. Pour ces amis de Dieu, que le monde dédaigne, il n'est presque plus de mystères; la Croix, le cœur du Bien-Aimé : voilà pour eux le livre sublime de la théologie; c'est après y avoir lu, dans le silence de l'union, qu'une pauvre petite Novice de 18 ans s'écriait, quelques mois seulement après sa sortie du monde : « Oui, l'Eucharistie, » ce Sacrement d'amour, m'explique le mystère de la sainte Trinité : un » Dieu d'amour, infiniment aimable et infiniment aimant, ne peut subsister » sans aimer, ni être aimé infiniment. Je m'explique, sans le comprendre, » que Dieu le Père s'aime infiniment dans son fils, que Dieu le fils » s'aime infiniment dans son Père, que l'Esprit-Saint est l'amour, ou le lien » qui les unit. Ainsi le bonheur de Dieu est infini de toute éternité, et rien ne » peut l'augmenter ni le diminuer. S'il m'a créée, c'est pour me faire participer » à son bonheur; je serai donc d'autant plus heureuse que j'aimerai mon » Dieu, mon Bien-Aimé... que je serai unie à mon Tout!... Lui-même, dans » la sainte Communion, vient faire les avances; il vient à moi par son amour... » Oh! faites brûler en moi, ô mon doux Jésus, le feu qui vous consume. » Unissez-moi aussi intimement à vous par l'amour que vous, ô Trinité sainte, » êtes unie par le Saint-Esprit! Oh! envoyez votre amour, votre Esprit-Saint » sur la terre, afin de la renouveler, de l'échauffer, de l'unir au ciel par l'amour » et la reconnaissance. »

C'était en de semblables termes qu'elle parlait du mystère de l'Incarnation; la lucidité avec laquelle elle s'exprimait sur ce qui est obscur pour d'autres, a étonné plus d'une fois ses guides spirituels. De si vives lumières influaient sur

toute sa conduite ; c'est ce que nous révèlent les lignes suivantes : « Mon Dieu,
» je veux marcher toujours en votre présence, faire toutes mes actions avec
» vous, en vous, par vous, par obéissance, amour, action de grâces, adoration,
» componction. — Je veux être fidèle aux plus petits points du règlement ; ne
» me pardonner aucune faute : il n'y en a point de petites aux yeux de l'amour.
» Je veux me vaincre en tout ; ne jamais parler en classe que pour répondre
» aux questions qui m'y seront faites ; ne jamais donner mon avis, à moins
» qu'on ne me le demande, et me rappeler toujours que Dieu demandera
» beaucoup à ceux qui auront beaucoup reçu. — O humilité ! humilité ! je
» veux vous acquérir, quoi qu'il m'en coûte ! — Que toutes mes actions, mes
» paroles, mes pensées, mes désirs, mes soupirs, les battements de mon cœur,
» soient amour et reconnaissance pour Celui qui se donne tout à moi... — O
» mon Dieu, je ne suis que faiblesse, corruption ; fortifiez-moi, mon Dieu,
» rendez-moi digne de la grande œuvre à laquelle vous m'appelez, malgré mon
» indignité, mon néant, mon incapacité, mon orgueil... »

Ces résolutions n'étaient pas seulement tracées sur le papier ; les maîtresses
de Sœur Marie de l'Assomption, ainsi que toutes les Sœurs qui ont eu le bonheur d'être ses compagnes, lui rendent ce témoignage, que sa conduite était la
fidèle expression de ses généreux sentiments ; aussi est-ce en édifiant tout le
noviciat qu'elle passa ses deux années de préparation aux premiers engage-
ments religieux.

A chaque retraite du mois, elle s'interrogeait sérieusement sur sa conduite
intérieure et extérieure ; et, lorsque la grâce, toujours plus abondante et plus effi-
cace, lui avait découvert un moyen de s'avancer plus rapidement dans la vertu,
elle l'embrassait avec ardeur, sans reculer devant aucun sacrifice. Lorsqu'elle
fut reçue Fille de Marie, elle comprit, d'une manière toute spéciale, que cette
faveur ne lui était accordée que pour l'unir plus intimement à cette divine
Mère, par l'imitation de sa profonde humilité ; aussi la vit-on chercher, avec
un nouveau zèle, les occasions de pratiquer le renoncement, la mortification
intérieure et extérieure : elle les saisissait avec plus d'empressement que n'en
mettent les avares à accumuler trésors sur trésors.

Tout servait d'aliment à son humilité : « Ma bonne Mère, disait-elle un jour
» à sa Directrice, plus je réfléchis, plus je reconnais qu'il n'y a qu'orgueil dans
» votre pauvre enfant. Une de nos bonnes maîtresses m'a fait voir que je ne
» me défie pas assez de moi-même ; en effet, lorsque j'ai dû réciter la prière
» à la chapelle, au lieu de la répéter auparavant à l'une de mes Sœurs, afin
» qu'elle vît en quoi je manquais, j'ai pensé que je la savais, puisque déjà
» je l'ai dite à haute voix. Voyez comme je manque de la première vertu de
» ma sainte Mère ; oh ! je lui demande instamment qu'au jour de sa fête, elle
» obtienne sa profonde humilité à la pauvre enfant qui porte son nom. —
» Bien des fois, je me suis donnée à Dieu sans partage ; mais la petitesse de
» mes idées a été cause que je me suis reprise bien souvent ; parce que j'ai
» entendu dire que mon jugement est droit, j'ai eu la sotte vanité de le
» croire ; mais maintenant que, dans sa miséricorde, Dieu m'a montré le
» contraire, je renonce à mon pauvre jugement ; oh ! j'y renonce, et je vou-
» drais avoir à y renoncer à toutes les minutes du jour, afin d'être unie à
» mon Bien-Aimé, humilié dans l'Eucharistie. C'est là qu'il m'enseigne et qu'il
» me donnera cette belle vertu d'humilité et toutes celles qui en découlent.
» O ma bonne Mère, quel amour j'ai pour cette précieuse vertu ! Quel désir
» j'ai de la posséder et d'en faire le vœu, comme des autres vertus religieuses. »

Les élans du cœur de Sœur Marie de l'Assomption, lors de son admission à
la prise d'habit, donnent une idée des dispositions parfaites avec lesquelles elle
entra dans la carrière du dévouement au salut des âmes.

Septembre 1855. « Oh ! que de grâces, mon Dieu ! O miséricorde de mon
» Dieu, que vous êtes grande ! Je me réjouis de votre grandeur. Actions de
» grâces, actions de grâces ! amour ! Que tout s'unisse à mes faibles accents !

» le Ciel, la terre, les anges, les saints, toute l'Eglise, j'appelle tout... Venez
» tous avec mon cœur, qui n'est plus le mien, qui est celui de Jésus ; venez,
» rendez mille actions de grâces au Seigneur, adorons, surtout aimons !...
» Prêtez-moi vos ardeurs pour aimer et souffrir !... Je veux désormais, ô mon
» Dieu, ne voir que vous, et vous voir en tout. — Je veux vous aimer, ô Cœur
» des cœurs, et me donner à vous comme vous vous donnez à moi. Je veux
» me dévouer au salut des âmes que vous avez rachetées. — Que votre règne
» arrive ! Comme vous, une seule chose : tout pour la gloire de Celui qui ne
» fait qu'un avec vous et le Saint-Esprit. »

Sœur Marie de l'Assomption apporta donc aux œuvres de zèle la condition
essentielle de réussite, c'est-à-dire, une âme vide d'elle-même, mais toute
remplie de l'Esprit de Dieu. Elle demandait et mettait fidèlement en pratique
les avis nécessaires pour bien tenir le petit asile privé dont on lui confia le
soin. Lorsqu'elle ne réussissait pas, elle n'accusait qu'elle-même de son peu de
succès ; et, sans se décourager, elle employait tous les moyens propres à la
faire devenir une bonne maîtresse. L'union intime de son cœur à Dieu lui
rendait facile le soin des âmes, que sa foi vive lui montrait si chères au Sei-
neur. Elle ne s'était pas distinguée au noviciat par une aptitude rare pour la
science ; cependant elle captivait l'attention de ses élèves en se mettant à leur
portée, et son mode tout à fait maternel leur faisait aimer la classe et la prière ;
elle réussissait surtout à former leurs petits cœurs pour Dieu ; et il est éton-
nant de voir comment elle les élevait à des sentiments religieux, peu ordinaires à l'enfance. Les parents en étaient ravis, et professaient la plus haute
estime pour la maîtresse dont les leçons étaient si efficaces. Chaque fête de
l'année lui fournissait un moyen d'émulation pour la pratique des vertus du
jeune âge. Pendant le saint temps de l'Avent, par exemple, il fallait préparer à l'Enfant Jésus un petit lit bien propre, bien orné et bien chaud ; c'était alors
à qui serait le plus obéissant, le plus pieux, afin d'avoir un cœur bien pur et
bien aimant pour y recevoir le divin Enfant. Un petit panier attendait toujours les aumônes pour la sainte Famille ; et ces aumônes, qui chaque jour
étaient apportées de grand cœur, c'était une partie du dessert, une tartine, ou
toute autre friandise, dont on se privait joyeusement pour les pauvres.

Ce goût pour les œuvres de charité exerçait la plus heureuse influence dans
la maison paternelle. « Papa, disait un jour un petit garçon, muni d'une appé-
tissante tartine, permettez-moi de donner mon déjeûner aux pauvres ? — Non,
mon enfant, vous en avez besoin. — Papa, c'est pour le petit Jésus. — Et le
père attendri, coupe une tranche quatre fois plus grande, la couvre de confi-
ture et la donne à son fils pour la distribuer à ceux qui manquaient de pain. »

Un enterrement militaire devant un jour passer devant la classe, la bonne
Sœur voulut bien que ses petits élèves, en récompense de leur sagesse, regar-
dassent le convoi funèbre ; au bruit des tambours, tous se mirent donc à la
fenêtre, excepté un seul qui continuait à régler les cahiers de ses camarades :
« Approche donc, mon enfant, lui dit sa maîtresse. » — Ma chère Sœur, vou-
lez-vous que je n'aille pas voir ? — Mais pourquoi, mon petit ami ? — C'est
que je voudrais une fleur pour mettre à mon petit berceau. Que d'autres traits
de ce genre, il y aurait à citer !

Pendant le carème, on s'exerçait à la mortification, en rivalisant de préve-
nances les uns pour les autres. Un jour qu'il faisait bien froid, Sœur Marie de
l'Assomption avait fait chauffer quelques briques pour mettre sous les pieds de
ses élèves ; aussitôt une petite fille s'en empare et se hâte de distribuer toutes
les plus grandes, ne se réservant que la plus petite, afin de faire pénitence
avec le bon Sauveur. Que cela devait être agréable au divin Maître !... Un
petit garçon entendant sa mère se plaindre des peines qu'elle éprouvait : « Maman, lui dit-il, il faut souffrir en esprit de pénitence. » L'impression de cette
parole n'est pas encore effacée ! Oh ! quel bien peuvent produire au sein de
leurs familles, des enfants religieusement élevés.

Sœur Marie de l'Assomption ne formait de tels élèves que parce qu'elle-même était docile en tout aux leçons de l'Esprit-Saint ; aussi, ses chers enfants la regardaient comme un ange ; et, lorsque la maladie la força à les quitter, ils ne cessaient, contre la coutume de cet âge, de réclamer la bonne chère Sœur, qui leur apprenait si bien à aimer Jésus, Marie et la vertu ; à obéir à leurs parents, et à se montrer polis et charitables en toutes circonstances.

C'est dans l'exercice de ce pieux dévouement au bien de l'enfance que se passa la plus grande partie des trois années de probation de notre excellente jeune Sœur. Mais, pendant qu'elle était ainsi appliquée à ses devoirs extérieurs, son âme progressait d'une manière étonnante dans les plus sublimes vertus. Il serait consolant et bien utile de suivre pas à pas cette âme si candide et si ardente pour le bien, dans les sentiers étroits où marchaient les Thérèse et les Madeleine de Pazzi ; nous admirerions en elle les mêmes transports d'amour divin envers le Dieu de l'Eucharistie, les mêmes désirs des souffrances, des humiliations et du salut des âmes que dans ces fidèles amantes du Sauveur.

« O mon Jésus, écrivait-elle en parlant de la sainte communion, qui faisait
» ses délices, ô mon Jésus et mon tout, vous êtes ma vue, c'est par vous que
» je vois Dieu ; vous êtes ma langue, c'est par vous que je lui rends mes hom-
» mages ; vous êtes mon ouïe, c'est par vous que j'entends sa voix ; vous êtes
» mon cœur, c'est par vous que je le goûte et que je le sens. O amour, ô dé-
» lices, ô transformation ! O cœur de mon Jésus, soyez le mobile de tout mon
» être ! Je suis en vous, vous êtes en moi ! Oh ! je vous en supplie, que je
» perde ma personnalité !... Je ne veux plus rien vouloir. Veuillez en moi,
» agissez en moi pour votre plus grande gloire et le salut des âmes.

» Je me nomme Marie de l'Assomption, et vous voulez que je sois Marie du
» Saint-Sacrement. » — En effet, Jésus, dans l'Eucharistie, était son aimant irrésistible ; dès qu'elle apercevait le saint Tabernacle, son cœur volait se plonger dans celui de l'Epoux divin, et elle serait restée des journées entières absorbée dans cette intime union, si ses devoirs et l'obéissance le lui eussent permis. Qui nous dira ce qui se passait alors entre le divin Maître et sa fille bien-aimée ? — Ah ! si notre cœur était dégagé de tout, si l'humilité et la mortification régnaient en souveraines dans notre âme, nous connaîtrions bientôt cet ineffable secret : Dieu ne se laisse pas vaincre en générosité. Dans ces moments de repos divin, Sœur Marie de l'Assomption paraissait ne plus appartenir à la terre ; elle restait à genoux pendant des temps considérables, totalement étrangère à tout ce qui se passait autour d'elle ; elle se consumait et s'immolait avec Jésus, pour obtenir des grâces de perfection aux justes et de conversion aux pécheurs. « O mon divin Epoux, lui disait-elle, n'épargnez pas
» une goutte de mon sang, qui est vôtre ; je m'offre tout entière à vous, afin
» que votre œuvre se fasse en moi dans le temps et de la manière qu'il vous
» plaira, pour votre plus grande gloire et le salut des âmes : je suis prête, par
» votre grâce, à partir pour une colonie d'Afrique, à soigner les malades, à
» aller partout où il vous plaira. »

D'autres fois, du cœur embrasé de cette fidèle amante, s'élevait vers le Seigneur, les cantiques intimes de la louange, de l'amour et de l'action de grâces. Nous avons encore quelques-unes de ces brûlantes aspirations, qu'elle avait confiées au papier : « O amour, ô délices de mon cœur ! Jésus !... O amour ! ô
» grâce ! ô onction !... O divin Cœur ! ô asile ! ô lieu de repos ! ô jouissances !
» ô délices ! ô retraite chérie !... Ouvrez-le moi ce cœur, ô mon Jésus, ouvrez-le
» moi ; j'y fixe mon séjour... Que votre règne arrive, ô Jésus ! régnez sur
» tous les cœurs ! que nous vous connaissions, ô mon Jésus ! que nous vous
» connaissions ! que nous ne fassions tous qu'un en vous et avec vous, par la
» charité, comme vous ne faites qu'un par le Saint-Esprit. O mon Dieu, faites
» que nous soyons tout charité !... »

Le Dieu qui enivrait de si pures délices l'âme de sa fidèle épouse, ne pouvait manquer de lui faire boire aussi au calice amer des peines intérieures ;

elle eût donc à supporter des sécheresses d'autant plus pénibles que l'intimité avec Jésus lui était plus délicieuse ; et cependant, les personnes qui la dirigeaient ne la virent jamais triste ni abattue. « Ma bonne Mère, disait-elle à sa Di- » rectrice, je ne sais pourquoi je vois tout d'un même œil, les souffrances et la » joie ; j'éprouve du bonheur dans tout ; tout m'est bon, parce que tout me » porte à aimer Dieu, à le louer, à le bénir ! » Heureuse enfant ! si vous ne savez pas ce *pourquoi*, votre Père céleste le sait....

On s'est quelquefois étonné qu'en bien des circonstances, qui assurément ne portaient pas à la joie, Sœur Marie de l'Assomption laissât échapper cette exclamation, qui lui était devenue familière : *Quel bonheur !* L'Imitation résout ce problème, au *Chapitre des merveilleux effets de l'Amour divin* : « *Celui qui aime est dans la joie... L'amour rend doux et agréable ce qui est amer.* »

On comprend que l'union complète au divin Epoux par l'émission des vœux religieux, dût être la grande préoccupation de cette âme fervente, pendant les trois ans de sa probation. « Oh ! combien il me tarde de prononcer mes vœux, » disait-elle à sa Mère spirituelle ; mais je ne veux les émettre que par obéis- » sance... Je vous demande seulement une grâce ; permettez, s'il vous plaît, à » la plus petite de vos filles de porter sur son cœur l'acte de nos saints vœux ; » car je veux embrasser la sainte folie de la croix. — Je veux être victime » avec mon Jésus, mais comme il le voudra ; dites-moi quelle pénitence je dois » m'imposer, pour tenir mon corps en sujétion et me préparer à l'union au » divin Epoux. »

Ne pouvant maltraiter son corps comme elle l'eût désiré, elle se retranchait dans la mortification intérieure la plus absolue, dans la pratique d'une obéissance aveugle et d'une humilité de tous les instants. « Souffrir, être humiliée, c'est le vœu de mon cœur. » Ce vœu sublime, elle l'accomplissait. On pouvait impunément, pour exercer sa vertu, la reprendre sans motif, la couvrir de confusion, l'humilier par des procédés blessants, toujours elle avait le sourire sur les lèvres et la reconnaissance dans le cœur.

Ce désir de l'abjection, de la souffrance, elle l'a exprimé sous toutes les formes : « Être méconnue, méprisée, oubliée, humiliée, avec Jésus doux et » humble de cœur ; travailler, souffrir et mourir avec lui, c'est uniquement ce » que je veux. — Mon plus grand bonheur est de mortifier ma volonté, de » faire ce qui me coûte, de me priver de ce que j'aime. — Je souffre de ne pas » souffrir ; ô mon Jésus, donnez-moi avec vous quelques traits de ressem- » blance. — Oui, Jésus, vous serez ma voie, je veux toujours avoir les yeux » sur vous ; faites-moi part de vos souffrances, de vos humiliations, de votre » croix. — Elles sont grandes et incommensurables les souffrances de l'amour. » Oh ! il faut le sentir pour le dire, ou plutôt les expressions manquent pour » exprimer cet ineffable martyre ! O mon Jésus, vous me le rendez suppor- » table ; je dis plus, vous me le rendez même agréable. — Que je sois, ô » mon Jésus, toujours et en tout, la dernière dans votre maison ; que je sois » la servante de vos servantes, de vos épouses ! que je sois la dernière de » toutes ; mais, ô mon Jésus, que je sois celle qui vous aime davantage ; » faites que nous soyons tout charité ! ... »

Tout charité, c'était bien là Sœur Marie de l'Assomption ; son cœur embrasé pour Jésus-Christ de l'amour le plus vif et le plus pur, était aussi rempli d'une charité tendre et effective pour le prochain et spécialement pour ses sœurs. C'est dans l'intime de son âme qu'il faut chercher la raison de l'aimable et constante cordialité avec laquelle elle était sans cesse aux aguets pour éviter une fatigue, une mortification aux unes ; pour soulager les autres dans leurs peines et leurs ennuis ; et cela, non par quelques paroles seulement, mais en se chargeant elle-même du travail onéreux, en se substituant à la place de celle qui devait recevoir une observation pénible, en inspirant aux affligées une douce résignation. Voici comment elle rendait compte de ses dispositions sur ce point :

« Avec la grâce de Dieu, je ne cherche mes intérêts en rien ; ceux de mon

» prochain me sont plus chers que les miens propres. J'éprouve tant de bon-
» heur, lorsque je puis rendre quelques petits services, que je m'écrie sou-
» vent : Mon Dieu, c'est trop de bonheur sur la terre ! je ne veux d'autre
» récompense que vous seul, ô mon Dieu, ô mon Tout ; donnez-moi de vous
» aimer davantage, et d'être de plus en plus méprisable à mes propres yeux. »

Déjà, sans que ses Supérieurs le sussent, elle était atteinte du mal qui la
conduisit au tombeau, lorsqu'une Sœur de la Maison fut attaquée d'une maladie grave, qui exigeait la nuit et le jour les soins les plus assidus ; quoique
Sœur Marie de l'Assomption n'eût que très-peu d'instants libres, elle se chargea
de l'office d'infirmière, et elle s'en acquitta avec un dévouement admirable ;
souvent même, elle passait les nuits sans repos ; et, le lendemain, elle était à
tous ses devoirs avec l'activité et la physionomie heureuse d'une personne que
rien ne dérange ni ne contrarie.

Elle était à peu près arrivée à la fin de sa troisième année de probation,
lorsqu'une toux fréquente qui la fatiguait depuis quelque temps, prit un caractère tel que les Supérieurs jugèrent à propos de lui donner un repos complet.
L'enfant de l'obéissance se soumit, et quitta ses chers élèves d'aussi bonne
grâce qu'elle les avait acceptés. « Puisque nos bonnes Mères le veulent,
» disait-elle, je consens à me reposer ; mais je n'ai pas mal, *je ne souffre pas.* »
Ces paroles, elle les a répétées jusqu'à son dernier jour ; la veille de sa mort,
une Sœur lui disait d'offrir ses souffrances pour les pécheurs. « Eh ! quelles
» souffrances puis-je offrir, lui répondit-elle avec le sourire sur les lèvres, je
» n'en éprouve pas. » — Elle prenait les remèdes les plus rebutants comme
s'ils eussent été très-agréables ; à la voir faire usage de l'huile de foie de morue,
on eut dit qu'elle buvait un sirop excellent ; elle avait, du reste, tellement
mortifié son goût, que toute sorte de nourriture lui était indifférente.

Cette espèce d'impassibilité dans la souffrance avait pour principe l'entière
conformité de Sœur Marie de l'Assomption à la volonté divine : son âme sura-
bondait de joie dans le sacrifice, parce qu'elle y voyait le bon plaisir du Bien-
Aimé ; cette disposition avait en elle une telle force et une telle permanence,
qu'après sa mort, son Directeur a pu dire que, malgré toutes les épreuves où
il l'avait mise pour s'assurer de la solidité de sa vertu, il n'avait pu trouver de
côté faible dans son âme. Si cette chère Fille avait été capable de trouble, elle
se serait tourmentée, en se voyant envoyée dans sa famille deux mois avant la
retraite de septembre ; cependant aucune inquiétude ne lui vint ; elle partit pour
Epinal, se proposant d'y faire sa préparation à la profession, comme si elle eût
été au sein de sa communauté chérie. La seule chose qui lui faisait de la peine,
c'était les soins empressés qu'elle recevait dans sa famille : « Je suis toujours
» entre les mains de Dieu, écrivait-elle à la Mère des novices, pour accepter
» tout ce qu'il lui plaira m'envoyer ; je ne me contente pas d'être dans sa
» main ; mais j'aime à me placer dans le plus intime de son cœur, le voyant et
» l'adorant continuellement dans le pauvre rien du mien, où il a daigné lui-
» même établir sa demeure. Je lui demande incessamment qu'il se fasse con-
» naître à tous les cœurs, soit par voie d'inspiration, soit par les âmes qui, plus
» heureuses que moi, travaillent constamment à le faire connaître et aimer.

» J'ai reçu, de notre bon Père, une lettre qui me dit de rester encore une
» quinzaine à Epinal ; il faut, ma bonne Mère, que l'obéissance me retienne
» ici ; car mes parents sont aux plus petits soins pour leur enfant, et je crains,
» je redoute une situation où il y a si peu à se mortifier... Notre bon Père
» m'écrit que c'est une très-grande grâce de communier à la volonté de Dieu,
» quand on est, comme moi, privée de la sainte communion. Je le recon-
» nais et j'en remercie incessamment Notre-Seigneur ; cependant, je sens le
» besoin de me retremper dans le sanctuaire des délices spirituelles, afin de
» pouvoir y savourer encore le véritable Fruit de vie, et me préparer à la déli-
» cieuse union après laquelle je languis : mes Vœux !... O ma bonne Mère,
» voilà ma seule sollicitude ! Je sais bien que, de moi-même, je n'en serai

» jamais digne ; mais le céleste Epoux qui appelle est encore celui qui prépare
» et reçoit... Mon pauvre cœur palpite après l'heureux moment où je pourrai
» appeler mon Dieu, mon Epoux !... Oh ! que mon cœur souffre jusqu'à ce
» moment fortuné ! Je ne veux cependant que tout ce que mon Dieu veut.
» Jamais ce bon Maître ne demande quelque chose que, le premier, il ne nous
» en ait donné l'exemple. O mon Jésus, je ne veux jouir du bonheur de votre
» union que par obéissance ! »

    » Je suis prête, écrivait-elle à notre bon Père Supérieur, je suis prête main-
» tenant, avec la divine grâce de mon Dieu, à rester ici autant qu'il lui plaira ;
» toutefois, mon bien bon Père, quelque chose me dit intérieurement que je
» prononcerai mes vœux aux pieds des saints autels, avec toutes mes bonnes
» Sœurs. O mon Dieu, comme vous voudrez, comme il vous plaira, pour votre
» plus grande gloire et le salut des âmes. Oui, mon bon Père, plus je me trouve
» dans l'impossibilité de travailler à leur sanctification, plus je brûle du désir
» de les approcher du souverain Bien...

    » Mille fois merci de la part que vous voulez bien me donner en offrant le
» divin Sacrifice ; je vous dois les grâces multipliées que je reçois chaque jour
» dans l'anéantissement et l'abjection où je me trouve. Mon calice est entre
» vos mains, bien bon Père, pour en disposer comme il vous plaira : c'est à
» Dieu que je donne en vous donnant ; quand même vous emploieriez, à vos
» propres intérêts spirituels, tout ce qu'il peut y avoir de méritoire en moi, en
» union avec notre divin Sauveur, ce serait pour les intérêts de mon Jésus. —
» Je sais qu'en priant pour mon bon Père, je prie pour toute notre chère
» Congrégation, et qu'en priant pour chacun de ses membres, c'est aussi pour
» le Chef, qui en porte toute la charge. Je demande instamment à N.-S. qu'il
» nous donne des cœurs dociles, qu'il rende toutes les Filles de sa Doctrine,
» douces et humbles de cœur comme lui, afin que, par la douceur, elles attirent
» les cœurs, et que par l'humilité, elles les élèvent dans le sein de Dieu.

    » Je ne prie pas seulement pour notre cher Institut, quoique je sois toute à
» lui ; mais j'embrasse toutes les âmes dans mes suppliques, parce que toutes
» les âmes sont chères au cœur de Jésus. » *La dernière de vos Filles.*

Enfin sonna l'heure du retour ; Sœur Marie de l'Assomption revint à Nancy
pour le jour de sa fête, qu'elle devait bientôt célébrer au Ciel avec la Reine des
anges et des saints. Elle fut presqu'aussitôt envoyée à notre Maison de Saint-
Joseph, en attendant la retraite annuelle qu'elle vint faire avec toutes ses
compagnes. Malgré sa grande faiblesse, elle en suivit tous les exercices avec
une ferveur d'ange. Et, au jour tant désiré de ses noces spirituelles, elle put
dire en toute réalité avec l'Epouse des Cantiques : « Mon Bien-Aimé est tout
» à moi, et moi je suis tout à lui ! » Et, avec le saint vieillard Siméon : « Main-
» tenant, Seigneur, vous pouvez laisser aller en paix votre servante... »

A l'extérieur, il ne parut que sa joie paisible et habituelle : Dieu et les anges
s'étaient réservé l'intérieur de cette âme d'élite. Qu'on juge de ses admirables
dispositions par le contrat suivant qu'elle fit avec le divin Epoux, et qu'elle
porta écrit sur sa poitrine jusqu'au jour de sa mort, voulant que chaque batte-
ment de son cœur fût une nouvelle protestation d'amour et de fidélité envers
Jésus.

    « Dieu seul, sa gloire, son règne !.... — Ma force dans son cœur et sa croix.
» — Aimer et souffrir ; souffrir en aimant. »

### Contrat sacré.

    « Le voici, ô Jésus, ce cœur, objet de vos recherches ; ce rien, ce moins que
» rien, cet amas de misères, pour lequel, ô doux Sauveur, vous avez tant souf-
» fert ; pour lequel vous avez donné tout votre sang, pour lequel vous vous
» immolez à toutes les minutes, pour lequel enfin vous restez nuit et jour dans
» vos tabernacles, et auquel vous vous unissez si souvent dans la sainte commu-

» nion. Oh! vous l'avez vaincu! il est à vous sans partage, sans réserve et pour
» toujours, par votre grâce. C'est, en effet, la plus grande des grâces que la
» fusion qui se fait en ce moment. Oh! en s'unissant à vous, il s'écrie : Recon-
» naissance! amour! et il se fond, s'anéantit dans l'immensité du vôtre. Non,
» il n'est plus mien, ni moi, il est vôtre ; je suis à vous pour devenir *vous*, oh!
» le seul! ô l'unique! Voilà le plus grand des prodiges, je puis dire : Ce n'est
» plus moi, c'est Jésus désormais, c'est Jésus qui aime, c'est Jésus qui jouit
» en moi ; il faut aussi que je fasse les œuvres de Jésus ; que je ne parle que
» par Jésus, et que toutes mes actions soient dignes de Jésus. — Je me dirai
» donc avant chaque action : Est elle de Jésus? est-ce Jésus qui agit? —
» Comment un Dieu fait-il ses actions? — parfaites. »

*Pratique.*

« Votre cœur, ô Jésus, est doux et humble; celui que je vous ai donné est
» entre vos mains, rendez-le vôtre en toutes choses; je l'abandonne à votre
» volonté, à votre amour.
» Vois mon âme tout ce que tu dois faire? — *Obéir.* Comment tu dois
» agir? — *Avec toute la perfection qui t'est possible.* — Achevez votre ou-
» vrage, ô Jésus; et que, chaque fois que mon cœur battra sur ce contrat, ce
» soit le renouvellement de tout ce qu'il renferme, et la donation complète de
» ma pauvre âme. Disposez, comme il vous plaira, de tout le mérite qu'elle
» pourra acquérir en union avec vous; je ne veux, en revanche, que votre
» amour et votre humilité. Oh! amour!... oh! humilité! croissez à chaque
» instant dans mon cœur!...
» Pratiquer la perfection dans mes œuvres. — Quitter *tout court* pour
» rendre service à qui que ce soit. — Voir Jésus en tout ; son bon plaisir
» dans l'obéissance. — Qu'il soit, ce bon Maître, le garant de ma fidélité à
» mes résolutions.
» O esprit de foi! oh! humilité!... Eclairez, ô mon Dieu, brûlez, consumez-
» moi dans votre amour.
» Être inconnue, méprisée, oubliée, humiliée! — Travailler, souffrir et
» mourir avec Jésus doux et humble de cœur, c'est mon unique vœu. »

Quelques jours après sa profession, elle retourna à Saint-Joseph pour ne
plus penser qu'à l'union éternelle. Les dix semaines qu'elle y passa encore pro-
curèrent à toutes nos chères filles de cette maison, l'exemple admirable d'une
vertu consommée. Le cœur de la pieuse malade, comme une flamme pure et
ardente, s'élevait jusqu'au Ciel, sans jamais s'incliner vers la terre. Son âme,
toute fondue dans celle du Bien-Aimé, ne voulait et ne pouvait plus envisager que
lui. Elle aimait bien filialement ses chers Supérieurs ; mais elle savait supporter
la privation de leur présence, sans même exprimer le désir de les voir. Du
reste, cette abnégation parfaite lui était habituelle depuis son entrée en reli-
gion ; comblée des dons de Dieu, il semble qu'elle eut dû avoir plus d'un motif
de communiquer son intérieur; cependant, elle ne le fit jamais que par esprit
de dépendance, sans rechercher ni approbation, ni consolation humaine ; elle
disait simplement ce qui se passait en elle ; et, lorsque des circonstances quel-
conques l'empêchaient de recevoir les avis de ses guides, elle restait dans une
paix parfaite, sous la conduite de l'Esprit-Saint.

Plusieurs fois, elle reçut la visite de ses bons et pieux parents ; et ce fut toujours avec une sérénité parfaite qu'elle leur parla de sa mort prochaine. Son
cœur filial voulant leur donner une dernière preuve de son ardente charité, de
sa main défaillante, elle traça une lettre qu'elle remit à son père Supérieur, le
priant de la leur envoyer, dès que le Seigneur aurait rappelé à lui sa servante.
Voici ces lignes, digne expression d'une âme séraphique qui écrit, non comme
attendant le moment de la délivrance, mais comme jouissant déjà du Bien
suprême :

« A la plus grande gloire de Dieu ! — Vivent Jésus, son cœur et sa croix !

« Mes bien chers parents,

« La paix soit avec vous !

« Réjouissez-vous avec moi, mes bien bons parents, réjouissez-vous ; l'heure
» de la délivrance est enfin sonnée pour votre toute reconnaissante enfant.

» Je suis enfin arrivée à mon but ! je possède enfin mon unique trésor ; j'ai
» renoncé à tout pour mon Dieu, je retrouve tout en lui !...

» Mon âme, débarrassée des liens de la captivité, prend son essor vers la
» céleste patrie ! De la nuit obscure de cette vie périssable, je suis enfin péné-
» trée et environnée de la seule vraie lumière, de ce divin foyer du Soleil de
» justice !...

» Je possède enfin mon Dieu !... et cela dans toute la capacité de mon être !...
» Je le vois tel qu'il est ! Et ce Dieu, c'est mon Epoux !... Il se donne à moi
» comme je me suis donnée à lui, et cela, pour toute l'éternité !... O joie !...
» O bonheur !... O félicité !...

» Puisque vous m'aimez, réjouissez-vous de mon bonheur, mes bien bons
» parents, que tout ce qui est en vous, soit dans la joie et loue le Seigneur !
» Oh ! oui, louons-le tous, habitants du Ciel et de la terre ! Que tout serve à sa
» louange, car il est tout miséricordieux !...

» Il est aussi le Dieu trois fois saint : Qui osera se présenter devant cette
» pure lumière, sans craindre de paraître souillé ? C'est pourquoi je vous dis :
» priez, priez beaucoup ; mais je vous en supplie, en grâce, ne pleurez pas ma
» félicité ; je vous le répète, je compte sur vos bonnes prières ; je vous prie
» aussi, mes bien chers parents, de me pardonner toute la peine que j'ai pu
» vous causer, et tout le mal que j'ai pu vous faire. Je demande aussi pardon
» à toutes les personnes que j'aurais pu offenser. Soyons tout à Dieu, en at-
» tendant l'heureux instant où nous nous retrouverons pour ne plus nous
» quitter ; et cette heure sonnera bientôt ; car qu'est-ce que la vie la plus
» longue ? Un passage, un songe !...

» Profitez bien, mes chers parents, du peu de temps qui vous reste ; voyez,
» notre Dieu nous prend, quand cela lui plaît : il ne regarde pas l'âge. Craignez
» donc plus que la mort de transgresser sa loi et de lui refuser quelque chose ;
» car, lorsque vous vous présenteriez devant lui, il pourrait vous dire : Je ne
» vous connais pas ! Oh ! non, vous ne refuserez rien au Seigneur, notre Dieu.

» Mes bien chers parents, vous pouvez dès ici-bas, par anticipation, partager
» le bonheur des bienheureux : N'oubliez jamais sa présence par la foi ; tour-
» nez souvent, si vous ne pouvez toujours l'y tenir attaché, votre cœur vers
» lui par la charité ; ce sera commencer, dès ici-bas, ce que nous continue-
» rons tous, je l'espère, avec des délices inexprimables, pendant toute l'éter-
» nité !.....

» Courage, mes bien bons parents, nous nous reverrons bientôt ; car le temps
» s'écoule rapidement en regard de l'éternité.

» Mon bien bon père, à qui je dois tout, oh ! la reconnaissance est une trop
» belle vertu pour qu'elle soit bannie du séjour de la gloire ; si je ne puis donc
» maintenant vous payer vos bienfaits, j'ai une bonne Caution qui vous les
» rendra avec usure, non en des biens périssables, mais par ses grâces et la
» gloire immortelle !....

» Ma toute bonne maman, Dieu a sondé tous les sacrifices de votre cœur ; il
» vous en récompensera, ainsi que de tout ce que vous avez fait pour celle
» que vous lui avez consacrée ; soyez-en sûre, la récompense sera belle ;
» mais il vous demandera encore de nouveaux sacrifices ! Je vous en prie,
» faites-les tous avec joie et amour : car qui donne avec joie donne dou-
» blement.

» Vous, ma toute chère N., il ne faut pas vaciller dans votre vocation. Heu-

» reuse élue du Seigneur, travaillez de plus en plus à vous rendre digne du
» saint état où il plaît au Seigneur de vous appeler. Ne croyez pas, chère
» petite, que votre carrière religieuse ne sera pas plus longue que la mienne;
» car il y a besoin d'ouvriers à la vigne du Seigneur; la moisson est si belle!
» Réjouissez-vous donc de ce que le divin Maître voudra bien se servir de
» vous pour la recueillir.

» Et vous, l'objet de ma tendre sollicitude (sa plus jeune sœur), ne vous
» laisserons-nous donc que la terre? Non, aussi sage que le jeune frère de
» saint Bernard, vous attirerez par vos désirs Celui qui parle aux cœurs dociles;
» et, comme celles qui vous devancent, vous écouterez la Reine des vierges.
» Mais, pour mériter ces grâces de choix, il faut, ma chère N., travailler
» à nous corriger de nos petits défauts, avant qu'ils deviennent plus grands;
» le Saint-Esprit viendra à votre aide; mais pour cela, il faut beaucoup, et
» surtout bien prier.

» Que toute la famille, mes chers oncles, mes bonnes tantes, mes cousins,
» mes cousines, etc.,... que tous, nous ne fassions qu'un cœur et qu'une âme
» en Notre Seigneur, c'est mon désir!...

» A tous donc, salut et bénédiction.

*» Votre toute respectueuse et reconnaissante enfant,*

Sœur MARIE de l'Assomption, R. de la D. C.

Après l'énoncé de tels sentiments, on conçoit ce que dut être la mort de cette
fervente épouse de Jésus : elle fut calme et paisible comme sa vie. L'amour
divin brisa le dernier fil terrestre qui retenait son âme captive, et sœur Marie
de l'Assomption alla se réunir au Dieu qu'elle avait tant aimé, le 30 septembre
1858, à l'âge de 23 ans. Puissions-nous vivre et mourir comme elle!...

Nancy, imprimerie de Grimblot, veuve Raybois et Comp.

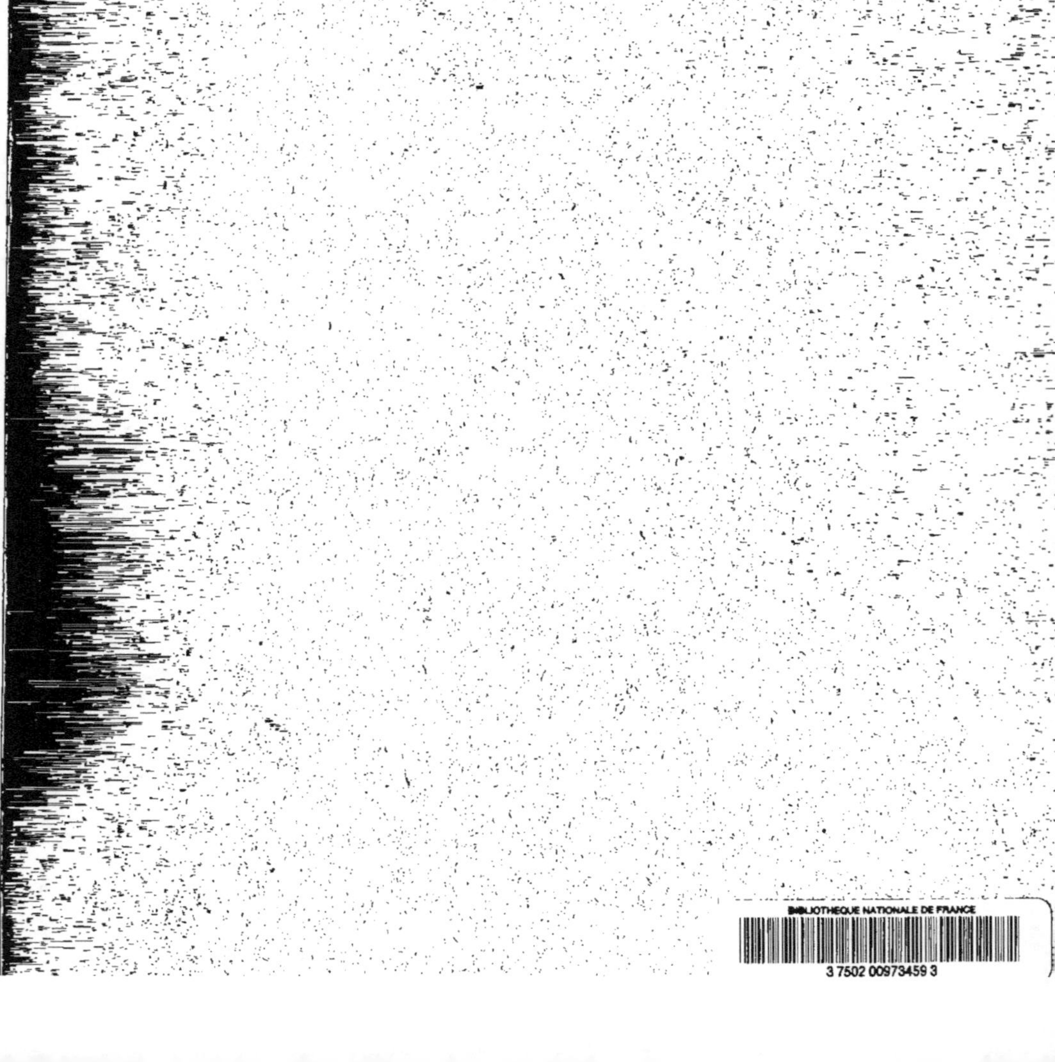